Manual Prático do Professor de Catecismo Espírita

Obras do mesmo autor

Os Meus Deveres

O Orador Espírita

52 Lições de Catecismo Espírita

Evangelho dos Humildes

Mediunidade Sem Lágrimas

O Espiritismo Aplicado

O Evangelho da Mediunidade

O Evangelho da Meninada

O Evangelho das Recordações

O Livro dos Espíritos para a Juventude

Vidas de Outrora

Eliseu Rigonatti

Manual Prático do Professor de Catecismo Espírita

EDITORA PENSAMENTO
São Paulo

Copyright © 2001 Herdeiros de Eliseu Rigonatti.

Todos os direitos reservados. Nenhuma parte deste livro pode ser reproduzida ou usada de qualquer forma ou por qualquer meio, eletrônico ou mecânico, inclusive fotocópias, gravações ou sistema de armazenamento em banco de dados, sem permissão por escrito, exceto nos casos de trechos curtos citados em resenhas críticas ou artigos de revistas.

O primeiro número à esquerda indica a edição, ou reedição, desta obra.
A primeira dezena à direita indica o ano em que esta edição,
ou reedição, foi publicada.

Edição	Ano
1-2-3-4-5-6-7-8-9-10	02-03-04-05-06-07-08

Direitos reservados
EDITORA PENSAMENTO-CULTRIX LTDA.
Rua Dr. Mário Vicente, 368 — 04270-000 — São Paulo, SP
Fone: 272-1399 — Fax: 272-4770
E-mail: pensamento@cultrix.com.br
http://www.pensamento-cultrix.com.br

Impresso em nossas oficinas gráficas.

Sumário

Apresentação 7

Prefácio 11

1ª Lição
Como organizar uma classe 15

2ª Lição
A heterogeneidade da classe.
Como resolver este problema 19

3ª Lição
A freqüência. Como incrementá-la 23

4ª Lição
Horário. Duração das aulas. Férias 29

5ª Lição
Como dar uma aula   33

6ª Lição
Como ensinar o Evangelho   41

7ª Lição
Como ensinar o Espiritismo   45

8ª Lição
Educação   51

9ª Lição
A educação social   55

10ª Lição
A parte artística e literária   59

11ª Lição
O livro a adotar   63

12ª Lição
Deveres do professor   67

Apresentação

Pede-me o Editor para fazer algumas considerações sobre meu pai, Eliseu Rigonatti, e suas obras.

Essa solicitação prende-se à escolha de três títulos que, há alguns anos, estavam fora do mercado e, naturalmente, na amizade que tem sua origem na que unia nossos pais.

Vem-me à memória a antiga sede da Editora Pensamento, com suas escadarias de mármore e seus afrescos aonde, quando criança, eu acompanhava meu pai.

Lembro-me de que, em casa, sua escrivaninha ficava no quarto em que eu e meu irmão dormíamos. Quando acordávamos, ele já lá estava desde alta madrugada escrevendo suas obras, que depois foram editadas pela Pensamento.

O laboratório de onde saíram todos os seus livros chamava-se Centro Espírita Mensageiros da Paz. Um a um, inspirados pelo altruísmo e realizados com muito amor, dedicação e estudos, surgiram: *Cinqüenta e Duas Lições de Catecismo Espírita, O Evangelho dos Humildes, Os Meus Deveres, Mediunidade Sem Lágrimas, O Espiritismo Aplicado* e outros.

São livros simples, escritos por uma alma simples, para almas simples, sem quaisquer rebuscamentos de linguagem.

Um dos seus momentos de intensa alegria relacionado com seus livros foi quando lhe contei que, estando eu trabalhando num movimentado Pronto Socorro da capital paulista, aproximou-se de mim um dos médicos responsáveis pelo plantão e perguntou-me:

— Você é filho do Eliseu Rigonatti?

— Sou, respondi.

E ele:

— Diga a seu pai que eu aprendi a ler com as 52 *Lições de Catecismo Espírita*, que eu ainda hoje releio quando tenho dúvidas sobre como agir.

Neste livro, *Manual Prático do Professor de Catecismo Espírita*, o autor mostra como uma pessoa de boa vontade, sem ter nenhuma bagagem pedagógica, sem nenhum curso superior, poderá desenvolver um programa coerente para evangelizar nossas crianças.

Enfim, a obra literária de Eliseu Rigonatti traça com clareza a trajetória de um espírito coerente consigo próprio, fiel às suas convicções e que conseguiu sintetizar em seus livros, de modo simples, os sublimes conceitos da visão espírita do Cristianismo.

DR. SÉRGIO RIGONATTI
São Paulo, janeiro de 2002

Prefácio

Apresentamos ao público estudioso mais um modesto livrinho. Não se destina ele aos eruditos, nem aos técnicos em assuntos pedagógicos. Destina-se a orientar simplesmente os pequeninos corações que desejam dedicar-se ao aprimoramento espiritual da infância e da juventude.

Nele encontrarão os corações de boa vontade um guia seguro para o desempenho de uma nobre missão: a de professor de Catecismo Espírita. E também um incentivo que os ajudará a vencer o desânimo que porventura os colher no caminho que se traçaram.

A missão do Espiritismo é a de alertar a humanidade, despertá-la para viver uma vida melhor, e para isso conta com o professor e com o livro.

O professor tem em suas mãos a renovação da humanidade, uma vez que pode atuar diretamente nos cérebros infantis, formando-os de acordo com a mais alta moral. E humanidade moralizada é humanidade feliz.

O livro é o veículo do pensamento por excelência. Nele se gravam as experiências humanas, e por meio dele os condutores da humanidade fixam-lhe roteiros para destinos melhores.

Ensinar, melhorar, moralizar, intelectualizar, espiritualizar, essa a ingente tarefa que recai sobre os ombros de um professor. E quando todos os professores do mundo compreenderem como perfazer tal tarefa de conformidade com os ensinamentos evangélicos, a ignorância, que tanto nos infelicita, terá desaparecido da face do nosso planeta.

Do mesmo modo o escritor, quando se nortear pelos princípios evangélicos ao escrever os seus livros, operará uma revolução moral no globo, que elevará a humanidade aos planos superiores da espiritualidade.

O professor de Catecismo Espírita pode e deve tomar parte ativa nessa luta em prol da iluminação dos homens. O seu campo de ação são os Catecismos Espíritas.

É conhecida a passagem evangélica em que o Divino Professor afirma que um pouco de fermento basta para fermentar toda a massa. Pois bem, os Catecismos Espíritas são um fermento poderoso; bem orientados, eles fermentarão toda a massa humana.

É justo e natural que os professores de Catecismos Espíritas somente poderão contar com a recompensa das próprias consciências diante do dever bem cumprido. Entretanto, o reconhecimento dos pequeninos espíritos, que foram auxiliados a se libertarem da ignorância, é a sua grande recompensa neste mundo, recompensa esta que se transmutará em luz para seus espíritos, quando forem chamados às esferas espirituais.

O Autor.

1ª Lição

Como organizar uma classe

Para se organizar um Catecismo Espírita, deve o seu organizador começar por proceder a uma propaganda entre os freqüentadores do Centro Espírita, onde funcionará o Catecismo Espírita.

Essa propaganda visará:

1º – Avisar os pais das crianças de que o Centro manterá de tal data em diante um Catecismo Espírita.

2º – Esclarecer os pais sobre a necessidade imperiosa que há em ministrar a educação religiosa a seus filhos.

3º – Despertar nos pais o desejo de que seus filhos sejam os bons espíritos de amanhã.

4º – Demonstrar a necessidade de espiritualizar-se a alma humana; e essa espiritualização deve começar com os pequeninos.

Essa propaganda será feita por meio de preleções nas sessões de propaganda da doutrina, e se estenderá por um tempo suficiente para que se forme um ambiente favorável à criação do Catecismo Espírita.

O dia da matrícula deverá ser um dia festivo. O Centro se engalanará para a solenidade da matrícula dos alunos de seu Catecismo Espírita. É bom que se façam ouvir alguns oradores que ressaltem a importância e a significação do ato que se está realizando; que façam sentir aos pais a responsabilidade que, daquele momento em diante, assumem no sentido de cooperarem com o professor do Catecismo Espírita para o bom êxito do empreendimento.

Em seguida, procede-se à matrícula. Cada aluno se achegará à mesa e dará seu nome, idade e endereço. Esses dados serão anotados em livro especial, que poderá ser o mesmo livro usado nos grupos escolares, o livro de matrícula, o qual servirá para a chamada.

Um Catecismo Espírita funcionará, logicamente, aos domingos. Pois bem, no domingo marcado e na hora designada, domingo esse que poderá ser o primeiro depois do dia da matrícula, começará a funcionar o Catecismo Espírita.

2ª Lição

A heterogeneidade da classe. Como resolver este problema

É natural que uma classe de Catecismo Espírita não pode ser homogênea. Ela é composta de alunos de todas as idades: desde os pequeninos de colo até os rapazes e mocinhas. Daí resulta a dificuldade de o professor dar aula a uma classe assim. Se a classe fosse composta de alunos mais ou menos da mesma idade, a dificuldade seria mínima, ou quase não existiria. Há, contudo, necessidade de se vencer essa dificuldade.

Se o Centro Espírita tiver a fortuna de estar instalado em prédio de várias salas, o professor pode dividir os alunos por diversas classes; cada classe será composta de alunos de mais ou menos a mesma idade. Haverá, assim, três classes: uma de alunos até seis anos, outra dos seis aos oito anos e outra dos oito anos em diante. Graduará, então, as lições de acordo com as classes, e a heterogeneidade terá quase desaparecido com a classificação dos alunos pela idade. Dizemos "terá quase desaparecido" porque não é possível obter-se uma classe homogênea, pois, mesmo que os alunos tivessem rigorosamente a mesma idade, não apresentariam nunca o mesmo nível mental.

O caso, porém, é que os Centros Espíritas, na sua quase totalidade, só dispõem de uma sala. E como só possuem uma sala, é mister que o professor de Catecismo Espírita organize a sua classe nessa sala. Não é difícil; vejamos como proceder.

Dividirá os alunos em três grupos de idade: um grupo de alunos até os seis anos, outro grupo dos seis aos oito anos, e outro grupo dos oito anos em diante. Separará as cadeiras da sala também em três grupos e colocará o grupo até os seis anos na frente; o grupo dos seis aos oito, no meio; e o grupo dos oito para cima, atrás. Terá, assim, três seções distintas na mesma sala, seções estas que obedecerão à ordem das idades.

A lição será a mesma para os três grupos, tendo o professor o cuidado de explicar a lição de modo a ser compreendido pelos três grupos, assim: primeiro, explicará da lição apenas o que estiver ao alcance de o grupo até os seis anos compreender; em seguida explicará a lição para o grupo dos seis aos oito anos; e por fim explicará a lição bem desenvolvida para o grupo acima dos oito anos.

As perguntas aos alunos obedecerão ao mesmo critério: perguntará aos pequeninos o que estiver ao alcance de poderem responder; aos médios, o que estiver de acordo com a compreensão deles; e as perguntas completas, isto é, as que exigirem maior compreensão, serão para o grupo acima dos oito anos.

Logicamente, o professor não deverá exigir dos alunos que dêem respostas para as quais ainda não estão com as mentes preparadas.

3ª Lição

A freqüência. Como incrementá-la

Iniciadas que sejam as aulas do Catecismo Espírita, é preciso que o professor envide esforços para que haja boa freqüência. Se o professor se descuidar dessa parte importante de sua nobre tarefa, a freqüência cairá, isto é, a maioria dos alunos começará a faltar.

É justo que a primeira medida de que lançará mão será a de chamar em seu auxílio os pais dos alunos. Estes deverão ser os principais responsáveis pela freqüência assídua de seus filhos ao Catecismo Espírita. Entretanto, nem sempre poderá contar com tão valiosa cooperação. Contudo, conseguirá obter alguma ajuda dos pais dos alunos por meio de uma bem orientada propaganda nas sessões realizadas pelo Centro Espírita. E fazendo preleções bem estudadas sobre a responsabilidade dos pais na educação religiosa de seus filhos, e pedindo-lhes que não deixem que seus filhos faltem às aulas domingueiras do Catecismo Espírita, é possível que obtenha resultados satisfatórios.

Além do apelo aos pais, sugerimos aqui alguns outros meios para que a freqüência seja incrementada.

O cartão de freqüência: O professor poderá instituir o cartão de freqüência, do qual damos um modelo no fim desta lição. Cada aula a que o aluno assistir lhe dará direito a um cartão. No fim do ano, pelas vésperas do Natal, ao encerrar-se o ano letivo, os cartões serão trocados por prêmios. Os melhores prêmios serão dados aos alunos que apresentarem o maior número de cartões. E assim cada aluno ganhará um prêmio de acordo com o número de cartões apresentados, isto é, de acordo com a freqüência que tiver tido durante o ano. Como os cartões são recolhidos todos os fins de ano, os mesmos cartões serão usados muitas vezes.

Cineminha: Uma das coisas que mais atraem a criança é o cinema. O Catecismo Espírita que puder dispor de uma máquina de projeção está com a freqüência assegurada. Depois da aula, passam-se um ou dois filmes: uma comédia e um educativo. Ter-se-á o cuidado de escolher bem os filmes, para que divirtam e instruam as crianças, sem despertar-lhes pensamentos nocivos.

Histórias infantis: Toda criança gosta de histórias, quando bem contadas. Este é um meio do qual o professor poderá lançar mão para conseguir boa freqüência. Depois da aula, dedicará alguns minutos para ler ou contar uma história aos alunos.

Pátio para brincar: Os Centros Espíritas que dispuserem de terreno, de um bom quintal, poderão construir um parque para os alunos brincarem, com balanços, gangorras, escorregadores, etc. Os alunos, atraídos pelos brinquedos do parque, chegam cedo para o brinquedo, e, na hora de se iniciar a aula, lá estarão todos.

Auxílio aos escolares: Distribuição entre os alunos assíduos de material escolar: cadernos, lápis, réguas, canetas, borrachas, etc.

Sorteio de livros: No fim da aula, procede-se ao sorteio de um bonito livro de histórias. Os alunos, desejosos de ganhar o livro, dificilmente perderão as aulas.

Estas são apenas algumas sugestões que oferecemos aos professores de boa vontade e que almejam o progresso de seus Catecismos Espíritas. O professor esforçado saberá descobrir mais uma porção de meios para incrementar a freqüência.

MODELO DO CARTÃO DE FREQÜÊNCIA

Catecismo
Espírita
EMMANUEL
Cartão de Freqüência

4ª Lição

Horário.
Duração das aulas.
Férias

A escolha do horário é um fator importante para o bom êxito de um Catecismo Espírita. As aulas não devem ser dadas nem muito cedo, nem muito tarde, porque, num e noutro caso, há o risco de os alunos não poderem comparecer.

O professor inteligente e observador, ao organizar o seu Catecismo Espírita, dedicará especial atenção à escolha do horário, o qual deve ser tal que permita o comparecimento do maior número possível de alunos.

Somos da opinião de que as aulas deverão durar de trinta a cinqüenta minutos. Bons resultados são obtidos com aulas de duração de quarenta minutos. Todavia, o professor não deve prolongar a aula por mais de cinqüenta minutos. Aulas muito longas constituem suplícios para os alunos, e produzem, quase sempre, resultados opostos aos desejados pelo professor. O aluno procura sempre fugir das aulas muito compridas, pois as lições, depois de quarenta ou cinqüenta minutos, se tornam cansativas e aborrecidas.

É útil que o Catecismo Espírita também tenha suas férias. Estas devem coincidir com as férias escolares. Os alunos dos Catecismos Espíritas, em sua quase totalidade, são escolares. E quando a escola lhes concede as férias do meio e do fim do ano, o Catecismo Espírita também lhes dará férias, ficando assim os alunos com seus períodos de férias integrais.

Tais férias apresentam apreciáveis vantagens: o professor do Catecismo Espírita descansa e, se quiser viajar, poderá fazê-lo. Os alunos cujos pais têm por hábito sair nessas ocasiões, poderão acompanhá-los sem perder as lições. Há ainda o efeito psicológico, pois o aluno sente que o Catecismo Espírita é como que um prolongamento da escola. E, por fim, as férias quebram a rotina e, depois do descanso, o cérebro assimila melhor as lições e o professor terá mais entusiasmo para ministrá-las.

5ª Lição

Como dar uma aula

Quem ensina, transmite conhecimentos. E para transmitir conhecimentos é preciso ter os conhecimentos que se deseja transmitir. Portanto, para se dar uma aula é necessário:

1º – Conhecer bem a matéria sobre a qual girará a aula.

2º – Preparar a aula com antecedência.

Para conhecer a matéria, o professor deverá estudá-la a fundo. Pela leitura de livros, jornais e revistas que tratam do assunto, e também assistindo a conferências sobre a matéria, o professor adquire conhecimentos.

O preparo das lições deve merecer do professor o máximo carinho. O professor deve ir para a aula de Catecismo Espírita com a lição bem preparada. Nada perturba mais o aluno do que perceber que o professor pouco sabe sobre o que está ensinando. Para evitar isso, é necessário que o professor prepare com antecedência a lição. O primeiro passo a ser dado é traçar um programa das aulas para o ano todo. Depois, de acordo com o programa, o professor desenvolverá cada lição.

O professor organizará um caderno de notas onde anotará tudo o que deve ensinar em cada uma das aulas.

O professor deve expressar-se claramente, isto é, deve ter clareza de expressão. Para isso, deverá:

Colocar-se no nível do auditório, lembrando-se constantemente de que está falando a crianças e a adolescentes.

Não falar difícil.

Ser claro, isto é, usar frases e palavras que os alunos possam compreender sem esforço.

Ser metódico, isto é, dar a aula obedecendo a um método determinado e preestabelecido.

Trazer a lição bem preparada, bem sabida. As lições devem ser preparadas de modo tal que ensinem um pouco de cada vez. Ensinar pouco em cada aula, mas bem.

Falar do modo mais simples possível.

Um dos pontos importantes ao se dar

uma aula é saber despertar o interesse da classe. A lição deve ser dada de um modo simples, porém vivo. Para isso é necessário evitar a monotonia.

E como é que o professor percebe que está sendo monótono? Quando os alunos bocejam, se mexem muito no lugar, olham para o ar, como que procurando alguma coisa para se distraírem, é sinal de que o professor está sendo monótono, enfadonho. Cumpre-lhe então quebrar a monotonia. Para isso, há vários meios.

Um deles consiste em interromper a lição e contar uma historieta, o que desafoga a classe. É muito necessário saber variar a lição no momento oportuno.

Outro meio de manter a atenção da classe é mudar a narração ou o modo pelo qual está sendo ministrada a lição. Muitas vezes, uma simples mudança no tom da voz é suficiente para quebrar a monotonia.

Tornando-se a lição enfadonha, monótona, a classe se distrai e não presta mais atenção à aula.

As distrações não devem ser toleradas durante a aula, porque, com o tempo, tornam-se um péssimo hábito e os alunos pouco aproveitarão das lições.

A aula deve ser iniciada quando todos os alunos estiverem em seus lugares, sentados e bem postos.

O professor ficará o mais possível num só lugar, evitando passear de um lado para o outro pela sala e exigirá que todos os alunos estejam com os olhos fixos nele. O passear pela sala de um lado para o outro cansa os alunos, obrigando-os a um movimento contínuo com a cabeça e com os olhos.

Há professores que têm a mania de falar muito. Não deve ser assim. O professor deve falar o estritamente necessário para expor a lição e torná-la inteligível aos alunos. Em seguida, deve deixar que os alunos falem, animando-os a que lhe façam perguntas, interrogando-os e fazendo com que respondam. As perguntas devem ser feitas à classe em geral e as respostas devem ser exigidas de cada aluno em particular.

O professor organizará debates em torno das lições, fazendo com que um aluno pergunte e outro responda.

O professor estimulará a emulação, dividindo a classe em grupos, e fará com que um grupo pergunte e outro responda, e marcará pontos pelas perguntas e respostas feitas e dadas corretamente.

Isso conservará a classe atenta e não haverá monotonia, além de permitir que os alunos sintam que estão tomando parte ativa na lição.

6ª Lição

Como ensinar
o Evangelho

O ensino do Evangelho é um ponto que deve merecer especial carinho de um professor de Catecismo Espírita.

É comum ouvir dizer que o Evangelho é de leitura e de compreensão difíceis. Não é assim. O Evangelho é simples, claro, preciso. Foi escrito para ser compreendido por todos. É natural que a pessoa deve cultivar o hábito de lê-lo, para que aos poucos vá percebendo as belezas que o Evangelho encerra.

Formar em seus alunos o gosto pelos estudos evangélicos é a tarefa máxima a que se deve consagrar um professor de Catecismo Espírita.

O primeiro cuidado do professor ao preparar a lição sobre o Evangelho é selecionar os trechos que possam ser compreendidos e assimilados facilmente pelos alunos. Depois deve demonstrar aos alunos que as lições do Evangelho podem e devem ser aplicadas todos os dias e a todas as horas. Em suma, deve fazer com que seus alunos vejam como viver de acordo com o Evangelho. Os alunos aprenderão que as lições evangélicas precisam ser vividas, isto é, praticadas, e não apenas lidas e discutidas. Para isso, ilustrará suas lições com exemplos práticos, retirados da vida diária e do conhecimento dos alunos.

Ao ensinar o Evangelho, o professor apresentá-lo-á aos alunos como a fonte do Dever, de onde promanam todas as obrigações do homem para com Deus, para com a Pátria e para com a Família, para com a Humanidade, enfim.

As explicações sobre o Evangelho devem ser vivas, alegres, claras, ativas, evitando-se a monotonia, para que os alunos se sintam atraídos por ele.

Mostre o professor aos alunos que o Evangelho é um livro atual, que precisa tomar parte ativa em nossas vidas, e que ele é o único caminho pelo qual se alcança a felicidade.

7ª Lição

Como ensinar o Espiritismo

O professor inteligente sabe que se deve ensinar às crianças somente o que elas podem compreender com facilidade.

Ao preparar suas lições de Espiritismo, é natural, pois, que o professor selecione apenas o material que esteja ao alcance do entendimento dos alunos.

As lições de Espiritismo precisam ser preparadas de tal modo que se tornem um complemento das lições do Evangelho.

Por sua vez, as lições do Evangelho devem ser explicadas de conformidade com os ensinamentos espíritas. E, sempre que possível, as lições do Espiritismo devem ser ilustradas com exemplos tirados do Evangelho.

Nem todos os alunos seguirão pela vida afora continuando com os estudos. A maioria, terminado o período escolar, abandona os livros e pára de estudar. No Catecismo Espírita dá-se o mesmo. Grande número de alunos, ao terminar o curso de Catecismo Espírita, não se interessará mais por esses estudos. É muito importante, por conseguinte, que o professor aproveite esse breve espaço de tempo, em que o aluno está em suas mãos, para dar-lhe noções, as mais completas possíveis, sobre o Evangelho e o Espiritismo. É preciso que o aluno, ao deixar o Catecismo Espírita, leve uma bagagem suficiente, completa, de conhecimento do Evangelho e do Espiritismo, pelo menos em suas partes essenciais. Perdida essa oportunidade, pode ser que a vida não ofereça outra ao aluno, para aprender as lições que o conduziriam a uma vida superior.

Como pontos de referência para o preparo das lições, julgamos de muita importância os seguintes:

A imortalidade da alma: O aluno deve aprender a viver como um espírito imortal que é.

A reencarnação: Um dos alicerces em que se apóia o Espiritismo é, sem dúvida, a reencarnação. O aluno deve ficar muito bem familiarizado sobre como funciona a lei da reencarnação.

A Terra como uma escola bendita de educação, de progresso e de lutas gloriosas: O professor deverá banir da mente do aluno a idéia de que veio ao mundo para sofrer ou para gozar. Deverá ensiná-lo e demonstrar-lhe que está no mundo para atender ao imperativo de sua educação espiritual.

O livre-arbítrio: O aluno deve aprender a compenetrar-se de que é responsável por todos os seus atos. Desenvolver-lhe o senso da responsabilidade; de que não deve agir cegamente, para evitar as péssimas conseqüências de atos impensados.

E, sobretudo, desenvolverá no aluno o sentimento da fraternidade, em seu mais alto grau.

São essas algumas sugestões para o preparo de lições sobre o Espiritismo. E como a matéria é vastíssima, o professor tem muito o que escolher para ministrar suas aulas, sempre, naturalmente, dentro do critério de que deve ensinar somente o que o aluno pode compreender.

E, por fim, reservará algumas lições para dar a conhecer aos alunos os grandes vultos do Espiritismo, reverenciando, assim, a memória dos grandes trabalhadores da Luz e da Verdade.

8ª Lição

Educação

Bem ensinados e bem compreendidos, O Evangelho e o Espiritismo darão ao aluno boas bases de educação moral.

Todavia, o professor poderá aproveitar a oportunidade para corrigir as falhas de educação que os alunos possam apresentar.

Os pais são os educadores por excelência de seus filhos, pois a educação se recebe no lar. Entretanto, nem todos os pais estão à altura de bem educar seus filhos.

Estamos tomando aqui a palavra educação no sentido de cortesia, polidez, delicadeza, bom comportamento.

É útil e necessário que o professor se valha das aulas para ensinar a seus alunos a serem bem educados, delicados, e a se comportar bem onde quer que estiverem; a respeitar os mais velhos, a saber obedecer com boa vontade; a não ter vícios; a honrar a palavra dada; a ser honestos, estudiosos e trabalhadores.

Enfim, o professor, através de suas lições, trabalhará por educar a vontade, o sentimento e a consciência de seus alunos.

Educando-lhes a vontade, desenvolverá neles a idéia do esforço próprio, guiando-os para a realização de elevados objetivos sem esmorecerem nunca.

Educando-lhes o sentimento, desenvolver-lhes-á os corações, que devem pulsar de amor para com tudo e para com todos.

E educando-lhes a consciência, ensinar-lhes-á como ouvir essa voz íntima, que fala dentro de cada um deles, aplaudindo-os quando agem bem e reprovando-os quando agem mal. E todas as vezes que ela os acusar de um erro praticado, eles não devem procurar desculpas, mas devem corrigir imediatamente o erro que tiverem praticado.

9ª Lição

A educação social

Ao lado das lições do Evangelho, das lições do Espiritismo e das lições de bom comportamento, o professor ministrará também a seus alunos aulas de educação social.

Essas aulas terão por objetivo ensinar o aluno como viver dentro da sociedade, de acordo com os ensinamentos recebidos. Por outras palavras, as aulas de educação social mostrarão aos alunos como aplicar as lições recebidas no Catecismo Espírita.

A educação social consiste em ensinar aos alunos os seus deveres para com eles mesmos, para com Deus, para com a Pátria e para com a Família.

Ensinando aos alunos os seus deveres para com eles mesmos, o professor combaterá os vícios e lhes desenvolverá o desejo de viver uma vida pura.

Ensinando aos alunos seus deveres para com Deus, o professor combaterá o egoísmo, demonstrando-lhes como amar a Deus na pessoa do próximo. Nessas lições, o professor não se esquecerá de ensinar-lhes as leis do perdão, do amor, da fraternidade e do auxílio mútuo que é dever de todos os filhos de Deus. Organizará visitas a instituições de caridade, a orfanatos, hospitais de crianças, de pobrezinhos doentes, etc., onde seus alunos levarão pequenos óbolos ou presentes e confraternizarão por alguns momentos com seus irmãozinhos menos felizes.

As lições sobre os deveres para com a Pátria visarão ensinar aos alunos como serem cidadãos úteis à comunidade, honestos e trabalhadores.

As lições sobre os deveres para com a Família terão por finalidade ensinar aos alunos como aplicar dentro de seus lares as lições do Evangelho e as do Espiritismo, transformando seus lares em templos de amor, de compreensão, de progresso, de trabalho, de estudos e de alegrias perenes.

10ª Lição

A parte artística e literária

Para desembaraçar as crianças e fazê-las tomar parte ativa nos trabalhos do Centro e do Catecismo Espírita, o professor não se descuidará da parte artística e literária.

A parte artística consistirá em recitativos e dramas infantis. Os recitativos serão sempre de poesias de cunho educativo. Não será difícil ao professor de boa vontade escolhê-las não só dentre os bons poetas de nossa formosa língua, como também na já bem rica literatura espírita.

E também o teatrinho das crianças deverá apresentar peças de fundo de elevada moral.

As crianças, bem ensaiadas, abrilhantarão as festividades do Centro a que pertencem, as quais passarão a despertar maior interesse entre os adultos.

Quanto à parte literária, compor-se-á ela de preleções apresentadas pelos alunos sobre o Evangelho e sobre o Espiritismo, e de trabalhos escritos pelos alunos já capazes disso.

Para os alunos que já sabem escrever, o professor poderá dar temas a fim de os desenvolverem, por escrito, em casa.

As melhores composições, as mais bem feitas, a título de estímulo, poderão ser enviadas aos jornais espíritas para publicação; estes aceitam e publicam com bom gosto esses trabalhos.

Com exceção das poesias que devem ser recitadas de cor, e de seus papéis na representação de pequeninas peças teatrais, os alunos não devem decorar nada. Aqueles que fizerem suas composições para as festividades do Centro deverão lê-las e não decorá-las.

O professor nunca deve forçar a memória de seus alunos, dando-lhes longos trechos para decorar. Os alunos deverão aprender as lições, compreendê-las, porém, não decorá-las.

11ª Lição

O livro a adotar

Como vimos na segunda lição, a classe é constituída de três grupos, sendo os dois últimos grupos os das crianças em período escolar. Dentre estas, certamente, a maioria já sabe ler. É conveniente, portanto, que o professor adote um livro de leitura para a classe e que cada aluno tenha o seu para estudar as lições em casa. Além do livro, o aluno deverá ter seu caderno, onde anotar as observações do professor e fazer suas composições.

Todos os livros são bons quando o professor sabe aproveitá-los bem, isto é, o professor deverá saber corrigir as deficiências que o livro apresentar através de boas explicações.

Todavia, o livro dos alunos dos Catecismos Espíritas deverá obedecer à seguinte orientação: apresentar lições evangélicas, lições espíritas e lições morais; não se referir a outras religiões; e que ensine realmente o que está ao alcance das crianças; por fim, ter sido escrito em linguagem simples e clara.

São estes os principais requisitos que o professor terá em mente quando for escolher o livro para seus alunos.

O professor não se esquecerá de que está ali para ensinar a seus alunos o Evangelho e o Espiritismo, e não para atacar outras religiões, nem para fazer comparações entre elas e o Espiritismo; isto em nada beneficiará os alunos e constituirá mesmo causa de confusão.

Uma vez escolhido o livro, cada aluno providenciará o seu. Em classe, cada um lerá um trecho da lição e, quando todos tiverem lido, o professor explicará a lição aos alunos. Depois de explicada a lição, fará perguntas sobre o ponto estudado e marcará a lição seguinte para ser estudada em casa para a próxima aula.

12ª Lição

Deveres do professor

O professor jamais se esquecerá de que tem deveres a cumprir para com a classe que tomou sob sua responsabilidade.

Dentre os inúmeros deveres de um professor, destacamos os seguintes: assiduidade, pontualidade, clareza de expressão, amor aos alunos, estudo, exemplo, modéstia, entusiasmo, gosto pelo ensino e boa vontade para com os alunos.

Assiduidade: O professor deverá ser assíduo, isto é, não faltar às aulas, e quando faltar a elas que seja por motivo de absoluta força maior. Mesmo assim, quando for obrigado a não comparecer a uma aula, que providencie com antecedência o seu substituto.

Pontualidade: O professor deverá ser pontual, isto é, iniciar as aulas rigorosamente no horário estabelecido. Nada desconcerta mais os alunos do que a falta de assiduidade e de pontualidade do professor.

Clareza de expressão: O professor deverá ser claro e preciso, isto é, falar de maneira que os alunos compreendam perfeitamente. É preciso falar apenas o necessário para que os alunos entendam a lição, e evitar ser prolixo. O professor que não possuir os dons da clareza de expressão e o da precisão no falar deverá conseguí-lo por meio de estudos, de exercícios e de cuidadosa preparação em casa do ponto a ser dado.

Amor aos alunos: O professor deverá amar seus alunos; deverá tê-los como parte de si mesmo, de sua vida. Os alunos deverão perceber que o professor deles não é um simples repetidor de lições, mas um amigo dedicado que os estima.

Estudo: O professor deverá ser estudioso; deverá dedicar-se profundamente ao estudo da matéria que quiser ensinar a seus alunos. Só assim poderá dar aulas seguramente.

Exemplo: É sabido que as crianças e os adolescentes tomam os adultos por modelo. Assim sendo, o professor sempre deve dar bom exemplo a seus alunos. Deverá, com o exemplo, confirmar as lições que lhes transmite.

Modéstia: O professor deverá ser modesto, isto é, procurar colocar-se no nível de seus alunos para melhor compreendê-los, e para que eles não se sintam constrangidos na sua presença.

Entusiasmo: O professor deverá ser um entusiasta pela matéria que ensina; ter entusiasmo pelo seu Catecismo Espírita. Nada é mais contagioso do que o entusiasmo. E quando o professor entra na classe para dar sua lição cheio de entusiasmo e de dedicação, os alunos o compreenderão muito mais facilmente e acenderão também, dentro de si, a chama sagrada do Ideal.

Gosto pelo ensino: Esta é uma grande qualidade de um professor: o gosto de ensinar. Todavia, nem todos os professores possuem essa qualidade; a maioria ensina mais por dever do que por amor ao ensino. Esforcem-se todos os que ensinam por gostar de ensinar, e verão que resultados maravilhosos obterão.

Boa vontade para com os alunos: O professor deverá demonstrar sempre a melhor boa vontade para com seus alunos. Responder-lhes a todas as perguntas, estimulá-los, ampará-los quando necessário, guiá-los, nunca tratá-los com desatenção ou falsa superioridade; ser, enfim, para com eles, o mestre carinhoso e amigo.

Os predicados acima são o mínimo que um professor deve possuir para cumprir sua belíssima missão. Se conseguir desenvolvê-los, estará a caminho das mais nobres e augustas realizações para o bem da humanidade.